AF562902

BARREAU DE PARIS

ÉLOGE

D'ANTOINE LOYSEL

PRONONCÉ A LA SÉANCE D'OUVERTURE

DE LA

CONFÉRENCE DE L'ORDRE DES AVOCATS

le 9 décembre 1852

PARIS

ANCIENNE MAISON CRAPELET

IMPRIMERIE DE CH. LAHURE

RUE DE VAUGIRARD, 9

1852

A

F. Herold.

Mon ami,

Votre nom devait être à la première page de cet éloge. — Désigné pour vous remplacer, permettez-moi de l'inscrire à la seconde, et de vous offrir ce qui d'abord était à vous.

Votre ami,

Ch. Truinet.

MESSIEURS ET CHERS CONFRÈRES,

« Le plus précieux et le plus rare de tous les « biens, disait d'Aguesseau, est l'amour de son « état[1]. »

Ce sentiment qui prend sa force dans l'idée du devoir accompli, et sans lequel la jouissance du présent est sans cesse troublée par une aspiration inquiète vers l'avenir, comment nous l'inspirer plus sûrement qu'en nous attachant à connaître ceux qui ont fait l'honneur du barreau, en les voyant dans leur vie, dans leurs ouvrages, toujours pleins de leur profession et s'acquittant envers elle, par l'éclat qu'ils lui procurent, du bonheur qu'ils y ont trouvé. Tel fut, mes chers confrères, l'homme dont nos anciens ont voulu vous rappeler le souvenir, et qui, par les travaux qu'il a accomplis, par le tableau que lui-même a tracé de sa vie[2], n'a laissé à ceux qui devaient tenter son éloge, que le soin facile de le faire sans le créer et de louer en racontant.

Antoine Loysel, avocat au parlement de Paris,

1. Mercuriale prononcée en 1703.

2. Joly, *Vie de Loysel*, III.

naquit à Beauvais le 16 février 1536[1]. Après qu'il eut fait dans cette ville ses premières études, son père l'amena à Paris pour le confier aux soins de Ramus alors principal du collége de Presle. C'est à ce premier voyage que le jeune Loysel, voyant les magistrats se rendre au Palais montés sur leurs mules, et le trouvant « estrange pource qu'il n'en « auoit iamais veu » son père lui dit que « s'il es- « toit homme de bien, il iroit, Dieu aydant, quel- « que iour comme eux[2]. » Toutefois Loysel avait alors une autre vocation, et soit que l'exactitude de son esprit l'entraînât vers les sciences naturelles, soit que les épidémies assez fréquentes à cette époque eussent frappé cette âme généreuse, il souhaitait se consacrer à la médecine, comme avait fait son grand-oncle Jean Loysel, médecin des rois Louis XII et François Ier; « mais son pere ne le voulut pas, « disant qu'outre le danger auquel les medecins « sont contrains de s'exposer de iour en iour, un « medecin ne pouuoit estre que medecin au lieu « qu'un advocat pouuoit devenir president et chan- « celier[3]. Rendons grâces au ciel de cette ambition paternelle que Loysel ne devait jamais partager; elle décida de son avenir, mais, en changeant sa route, elle ne changea pas son cœur. Elle lui avait fait embrasser à son insu la profession qui lui convenait le mieux, il le comprit bientôt, et là où

1. Joly, *Vie de Loysel*, opusc. VII.
2. *Ibid.*, VIII.
3. *Ibid.*, VIII.

son père avait cru qu'il ne ferait que passer pour devenir riche et haut placé, il s'arrêta, car il avait trouvé le moyen d'être mieux que cela, utile et indépendant.

Au début cependant, c'est à regret, on le devine, qu'il abandonnait ses projets. L'enseignement du droit était alors hérissé de formules compliquées, obscurci par une érudition inintelligente. Par bonheur, à Toulouse, où son père l'envoyait, Loysel rencontra Cujas, et ce maître, c'est l'élève qui nous l'avoue, « fut cause qu'il ne quitta point « la science du droict, dont les autres docteurs « le degoustoient à cause de leurs barbaries, luy « conseillant d'estudier bien ses Institutes en les « conferant avec le Theophile grec, ce qui luy des- « silla premierement les yeux, et luy fit prendre « quelque goust au droict[1]. » Dès lors, disciple assidu de Cujas, il le suit partout où il porte son enseignement : à Cahors, à Bourges, à Paris, à Valence, nous le retrouvons toujours profitant de ses leçons, partageant ses savantes recherches. Sur cette route que lui faisait ainsi parcourir l'amour de la science, le sort lui avait réservé une faveur nouvelle. A cet égard, du reste, les bancs de l'école ont de tout temps porté bonheur. Loysel y trouva un ami.

A l'université de Bourges, un jeune homme suivait les mêmes leçons, et les essais de l'étudiant

1. Joly, *Vie de Loysel*, IX.

annonçaient déjà l'homme qui plus tard, réunissant les qualités de l'avocat, du magistrat et du publiciste, devait se plier à toutes les recherches, et de la même plume qui commentait et restituait les ingénieux apologues de Phèdre et les gracieuses inspirations du *Pervigilium Veneris*, écrire la harangue de d'Aubray dans la satire Ménippée, et les libertés de l'Église gallicane. Est-il besoin de vous nommer Pierre Pithou?

« Il me souuient, dit Loysel, que la premiere « cognoissance que i'eus de luy, fust en la boutique « d'un libraire, où, disputant d'vn lieu de Papinian « *de inofficioso testamento*, il se rendit d'autant plus « admirable qu'il estoit si ieune que nous l'appelions « ordinairement le petit Pithou[1]. » Ainsi prit naissance cette amitié qui plus d'une fois nous les montrera liés l'un à l'autre, et grâce à laquelle ils vécurent toujours en telle union qu'ils s'appelaient d'ordinaire l'un l'autre du nom de frère[2].

C'est dans cette douce et laborieuse intimité du maître et des disciples que se passa le temps des études de droit. Logeant à Valence avec Cujas, « ils avoient accoustumé de se retirer les soirs « apres soupper dans sa bibliotheque où ils estu- « dioient ensemble iusques à deux et trois heures « apres minuict[3]. » Loysel avait alors vingt et un ans, il se livrait à ces travaux avec toute l'ardeur de

1. Loysel, *Vie de Pithou*, opusc. 256.
2. Joly, *Vie de Loysel*, IX.
3. *Ibid.*, X.

la jeunesse. Devant eux le reste disparaissait pour lui, et cependant on avait tenté plus d'une fois de l'en distraire, c'est lui-même qui nous l'apprend au sujet de son séjour de Valence, où il logeait « en la maison du bailly de l'Euesque, seigneur et « comte de la ville, lequel le desiroit pour gendre « d'une sienne fille unique, comme aussi auoit faict « son hoste de Cahors. Mais il pensoit dès lors en luy « mesme que le port d'une femme de ces quartiers- « là seroit bien cher et qu'il n'y auoit pas esté en- « uoyé pour se marier[1]; » plus tard, à Senlis, son frère lui offrit le meilleur parti de la ville, il refusa encore, et à ce sujet sa pensée, telle qu'il nous l'a révélée dans un petit traité sur les mariages entre cousins, était qu'il fallait bien connaître ceux à qui l'on s'unissait. « Ie scay bien, ajoute-t-il, que de « desirer en ce temps-cy toutes ces circonspections « en une action si ordinaire qu'est le mariage, ce sera « paroistre par trop philosophe, c'est-à-dire trop con- « traire à la façon de nostre siecle, auquel, insensez « que nous sommes, nous nous laissons porter in- « sensiblement dans des mariages de personnes que « nous ne cognoissons point, que nous n'avons ia- « mais veu, et lesquelles souuent et trop souuent dès « le lendemain de nos nopces nous souhaittons n'a- « uoir iamais cogneu et n'auoir iamais veu.— Mais, « il n'y a remede, i'aduoue franchement en cela « n'estre du temps, ou, comme ils disent, ne sçauoir

1. Joly, *Vie de Loysel*, x.

« mon monde, et qui plus est ie n'en voudrois pas « estre et croiray tousiours la moitié de mon aage « très-bien employée à choisir et cognoistre celle « avec laquelle ie pourray doucement en paix et en « concorde user des biens que Dieu me donnera et « acheuer les iours que Dieu me lairra sur la terre[1]. »

Il avait encore à résister à d'autres sollicitations; son frère aîné qui était *esleu à Beauvais*, désirait le faire conseiller de la cour; son second frère, lieutenant général de Senlis, le retenait en sa maison où il commençait à être employé en son siége par les procureurs[2]. Bien d'autres eussent cédé aux occasions qui se présentaient ainsi, mais on dirait que Loysel avait déjà entrevu la carrière qui l'attendait et qui seule pouvait lui convenir; aussi lui-même nous atteste « qu'il lui sembloit que parmi « tous ces ayses et aduantages il n'estoit point en « son eau, et ne cessa qu'il ne vînt demeurer à « Paris après les Pasques de 1560, pour y suiure « le Palais, y ayant esté receu advocat dès le mois « de feurier precedent[3]. » Et puis Pithou était à Paris, il l'y rejoignit et se mit à fréquenter assidûment les audiences; « mais personne ne l'employoit « ores qu'il lui semblast qu'il eust aussi bien fait « que beaucoup d'autres[4]. » Trois ans se passèrent

1. Loysel, *Apologie et défense des mariages entre cousins*, opusc., p. 40.

2. Joly, *Vie de Loysel*, XIV.

3. *Ibid.*, XIV.

4. *Ibid.*, XV.

ainsi pendant lesquels il utilisa pour l'étude les loisirs que lui laissait cette profession, qui ne se conquiert jamais tout d'un coup et semble ne vouloir se livrer qu'à ceux qu'elle a quelque temps éprouvés. « Enfin, il se mit chez un procureur, M^e^ Je-« rosme Blanchard, à la charge qu'il luy bailleroit « des causes à plaider, ce qu'il fist, et plaida la « premiere en feurier 1563 [1]. » Il avait alors vingt-six ans.

Ses essais furent heureux. Sa bonne mine, sa science du droit le firent bientôt remarquer, et il n'avait encore plaidé que trois causes, quand M. l'avocat général Dumesnil qui avait eu, par là, occasion de l'apprécier, commença à lui témoigner une extrême bienveillance ; Loysel dut y entrevoir un puissant secours ; l'influence d'un magistrat, qui le prenait ainsi sous sa protection, devait sûrement le faire remarquer, et l'intérêt qu'il avait su inspirer à M. Dumesnil s'accrut tellement, que bientôt celui-ci lui proposa la main de sa niece.

Cette offre à laquelle Loysel était loin de s'attendre et qui était trop subite pour s'accorder avec les idées que nous lui connaissons, le plaçait dans une situation assez embarrassante. Un refus pouvait lui valoir la disgrâce de M. Dumesnil.... Il lui répondit : « Qu'il le remercioit bien humblement « de l'honneur qu'il lui faisoit et qu'il en escriroit « à sa mere et à ses parents [2]. » Il leur écrivit, en

1. Joly, *Vie de Loysel,* xv.
2. *Ibid.*, xv.

effet, mais pour leur recommander de refuser : de la sorte, il pensait pouvoir se tirer d'affaire sans se compromettre, « et neantmoins ils firent telle- « ment le contraire, qu'au premier pourparler ils « arresterent les articles, de sorte que les notaires « mandez par eux estans venus, il fut reduict à ce « poinct, qu'il luy fallut accorder tout ce qu'ils « avoient trouvé bon, ou faire tomber tout le mal- « talent sur luy, en quoi il connut ce que l'on dit « estre très veritable que les mariages se font au « ciel, ayant esté comme contrainct d'accorder ce « qu'il ne vouloit point[1]. » Et plus tard il inscrivait dans ses *Institutes coutumières* cette maxime dont il avait fait l'épreuve d'une manière si frappante[2]. C'est ainsi qu'il épousa damoiselle Marie Goulas, fille de Léonard de Goulas, nièce et pupille de M. Dumesnil.

Recherchons rapidement quels étaient ceux à qui le sort venait de rattacher Loysel.

Léonard de Goulas, avocat au parlement, avait été considéré comme un des hommes les plus instruits de son temps. Il avait une clientèle importante, bien que Loysel nous apprenne, dans le *Dialogue des avocats*, « qu'il ne fust pas tant employé au « Palais que ses beaux-freres, parce qu'il estoit d'une « plus grande liberté, ne pouuant endurer, non seu- « lement les inepties et importunitez des parties ou

1. Joly, *Vie de Loysel*, xv.

2. *Inst. coutumières*, livre I, t. II, *du Mariage*, II.

« des procureurs que nous sommes souvent con-
« traints de digerer, mais pas mesme les re-
« prehensions que font quelques fois messieurs les
« presidens, lesquels nous devons respecter et re-
« blandir[1]. »

Baptiste Dumesnil, avocat du roi en la cour de parlement, n'avait rien perdu dans cet emploi de l'indépendance qui semble héréditaire en cette famille. Lors d'une affaire où il avait fait révoquer des libéralités accordées par le roi à certains seigneurs, on le menaçait de l'en faire repentir, à quoi Dumesnil répond : « Qu'il ne s'esmeut point des
« menaces qu'on lui faict, car ayant mis Dieu et la
« raison de son costé, il ne craint point les
« hommes, et ayant passé plus de la moitié de son
« aage, l'on ne luy en peut guere oster et n'y aura
« pas grand regret[2], ajoutant qu'il supplie qu'on
« le fasse descharger de son office par le roy, et
« qu'il receura cela à grand bienfait, n'ayant autre
« chose en sa pensée que de se retirer en la salle
« du Palais où on l'a pris, qui est la plus honneste
« mission qu'il puisse receuoir[3]. »

Telle était la famille dans laquelle Loysel venait d'entrer; tels étaient ceux qui devaient l'inspirer par leurs exemples, l'éclairer par leurs conseils; et si, dès l'année suivante, M. Dumesnil le fit pourvoir

1. *Dialogue des avocats*, opusc. 517.

2. *Apologie* ou *Recueil des réponses de l'advocat du roy*, Dumesnil, opusc., p. 246.

3. *Ibid.*, p. 247.

d'une charge de substitut, ce fut « en l'admones-« tant de ne se point amuser en cette charge, di-« sant que le parquet trompe son maître, et qu'un « escu gaigné en l'estat d'aduocat valoit mieux que « dix au parquet[1]. »

Qui mieux que Loysel était fait pour comprendre de telles leçons? Il était arrivé à ce point, qu'il avait deviné, désiré, avant de le connaître. Ici se place toute une période de sa vie, la mieux remplie et en même temps la moins connue. Ces travaux de chaque jour, auxquels est consacrée l'existence de l'avocat, laissent après eux peu de traces : intérêts du moment que le moment d'après ignore; luttes sans cesse renaissantes, où la préoccupation du jour fait disparaître celle de la veille; tout cela passe, et tout cela doit passer en effet. L'avocat n'est pas l'homme de telle ou telle affaire, le conseil de tel ou tel plaideur, sa vie est toute à tous; c'est une série de services dont la continuité ne permet pas à l'esprit de s'arrêter sur l'un plutôt que sur l'autre; sans attendre sa récompense de l'éclat fugitif d'un plaidoyer ou de la reconnaissance d'un client, il la trouve dans l'estime que commande toujours une profession où l'homme se consacre aux intérêts des autres sans se laisser jamais guider par son propre intérêt. Quelques mots pourront donc nous suffire pour résumer cette période de la vie de Loysel : il fut un moment conseiller au tré-

1. Joly, *Vie de Loysel*, XVI. — Loysel, *Dial.*, opusc. 530.

sor pour conserver l'office de son beau-frère; il fut avocat de Monsieur, frère du roi, en l'échiquier d'Alençon; mais toujours pressé de se débarrasser de toutes les charges pour revenir au barreau, il fut, avant tout, ce que dans ce temps-là on appelait *avocat du commun*. A ce titre il fut fort occupé, et ce n'était pas trop du zèle qu'il déployait dans sa profession pour le distraire des malheurs de la guerre civile et adoucir les regrets que lui causait la fin tragique de Ramus, son ancien professeur, victime de la Saint-Barthélemy[1]. Il fut conseil de la reine Catherine de Médicis, de Monsieur d'Alençon, de Madame d'Angoulême, de la maison de Montmorency, de la maison d'O, et de plusieurs communautés, entre autres du chapitre de Notre-Dame de Paris[2]. Eus. de Laurière, qui a écrit sa vie, a recueilli avec soin ces souvenirs. Quant à Loysel, dans les notes qu'il a laissées, il parle peu de cette brillante clientèle, et quand il nous entretient du Palais, c'est pour rappeler avec attendrissement le souvenir de Mᵉ Antoine Godin, son vieux précepteur de Beauvais, « pour lequel, dit-il, il eut depuis « l'heur de plaider et de gaigner une cause[3]. »

Quelquefois cependant il fut forcé de s'arracher à ses douces occupations; le seul sentiment qui

1. Joly, *Vie de Loysel,* XVIII.

2. *Abrégé de la vie de M. Loysel,* par Eusèbe de Laurière, Ed. Dupin et Laboulaye, I, p. lvj.

3. Joly, *Vie de Loysel,* VII.

pût lutter en lui avec l'amour de sa profession, l'amour du bien public, ne lui permit pas toujours de refuser les fonctions qui lui furent si souvent offertes. En 1579, il dut se rendre aux grands jours de Poitiers, où il fut employé comme substitut en ce qui concernait le rétablissement du service divin. C'est là qu'un accident futile inspira ces poésies qui, égayant les plus graves esprits, devinrent le délassement de tant de savants, d'avocats et de magistrats. C'étaient les mœurs du temps, ce sont de ces traits qui servent à peindre une époque, et qu'on peut oser reproduire quand leur souvenir est lié à celui d'hommes aussi sérieux. Ici Pasquier fut, comme il le dit, « l'auteur de la noise, » et dès lors le mieux est de laisser l'habile avocat de l'université contre les jésuites, le savant auteur des *Recherches de la France*, nous raconter lui-même comment les choses se passèrent : « M'es-« tant transporté, dit-il, en la ville de Poictiers « pour me trouuer aux grands jours qui se devoient « tenir sous la banniere de M. le president de Har-« lay, je voulus visiter mesdames des Roches, « mere et fille, et, après avoir longuement gou-« verné la fille, l'une des plus belles et sages de « notre France, j'apperceu une puce qui estoit « parquée au beau millieu de son sein, au moyen « de quoy, par forme de risée, je luy dy que vray-« ment j'estimois cette puce très prudente et très « hardie, prudente d'avoir sceu, entre toutes les « parties de son corps, choisir cette belle place

« pour se rafraischir, mais très hardie de s'estre « mise en si beau jour, parce que, jaloux de son « heur, peu s'en falloit que je ne misse la main sur « elle, en deliberation de luy faire un mauvais tour, « et bien luy prenoit qu'elle estoit en lieu de fran- « chise[1]. » Et là-dessus Pasquier compose une pièce de vers, et bientôt après lui le grave Scaliger, le docte Chopin, le président Brisson, et bien d'autres encore célébrèrent à l'envi la puce de Mme des Roches. Loysel, qui faisait fort bien les vers, et qui nous a laissé un recueil de poésies latines, ne put résister à l'exemple ; il le dit en commençant :

Jam dudum ausculto, ac tacitus lego et audio quæ vos
Certatim vario multum sermone morati
Cuncta super pulice, obscuro turba invida vati
Solus ego auditor tantum[2]....

Non pas, il s'y mit comme les autres, d'autant mieux que les faits s'étaient passés sous ses yeux[3], et dans ses vers adressés à M. le président de Harlay nous le voyons traiter ce léger badinage avec une réserve et un bon goût qu'on ne rencontre pas toujours chez les contemporains de Brantôme, et tenir vaillamment son rang dans ce

1. Préface de *la Puce*, ou *Jeux poétiques français et latins*, Pasquier, *OEuvres*, éd. 1723, t. II, p. col. 947,48. — Édit. in-4°. Paris, 1583.

2. Pasquier, *OEuvres*, 961. — *Poesies* de Loysel, p. 3. — Rhanutius Gherus, *Deliciæ poet. lat.*, t. IV.

3. Pasquier, *Lettres*, livre VI, lettre VII.

tournoi poétique, qui, lui-même nous l'atteste, occupa alors autant que les grands jours la ville de Poitiers :

Tota Phœbus iam personat urbe,
Pyctorum veluti Clio migrarit in oras,
Pythius et renuat dici iam pyctus Apollo [1].

Gardons-nous de passer sous silence de pareils souvenirs ; on a ri de tout temps : peut-être alors travaillait-on un peu plus, mais pour cela seulement que les recherches étaient plus difficiles, la science moins à la portée de tous. Quand on pense aux siècles passés, quand on retrace ces physionomies consacrées par l'histoire, on est trop porté à voiler leur sourire. Il semble que l'on ait peur de compromettre leur dignité, de déranger les plis de ce manteau dans lequel on les drape ; laissons sous l'abri protecteur de ce costume officiel ceux dont il a fait tout le mérite, mais ne craignons pas de le soulever quand nous devons trouver derrière, jointes aux qualités d'un esprit droit et solide, ces grâces de l'imagination qui, loin de rien gâter, ne sont que le témoignage le plus sûr d'un cœur honnête et d'une conscience sans reproche.

Les grands jours finis, Loysel se hâta de reprendre ses affaires. Consulté à cette époque comme avocat du duc d'Anjou, sur son mariage avec la reine Élisa-

1. *La Puce*, vid. sup.

beth d'Angleterre, « il n'en voulut pas seulement « parler en la façon des aduocats ordinaires du Pa-« lais[1]. » Mais, dans un mémoire détaillé, il repoussa cette union qui ne faisant du duc que le mari d'une reine et non le chef de l'État, lui paraissait contraire à son honneur et à sa dignité. Ce mémoire, dans lequel il montra une grande expérience des affaires, ne dut pas être sans influence sur le choix que l'on fit bientôt de lui pour de nouvelles fonctions. C'était en 1581; le roi ayant accordé une chambre de justice en Guyenne à ceux de la religion prétendue réformée, Loysel fut nommé avocat du roi. Il hésitait, « considerant que c'estoit le des-« tourner du chemin qu'il avoit pris au Palais[2], » et sans doute il eût résisté; mais en même temps on avait offert à Pithou la charge de procureur général, « laquelle, dit Loysel, il vouloit encores « refuser, n'eust esté qu'on me nomma avec lui « pour estre son compagnon en la charge d'aduo-« cat du roy, et nous acceptâmes ces commissions « l'un pour l'amour de l'autre[3]. » Et puis on leur promettait qu'ils reviendraient au bout d'un an; ils partirent; mais les occupations se multiplièrent tellement, qu'ils restèrent éloignés pendant deux ans et demi. Durant ce séjour, Loysel « fit pour « le moins deux mille plaidoyers[4]. » Il prononça

1. Joly, *Vie de Loysel*, XXIII.
2. *Ibid.*, XXIV.
3. Loysel, *Vie de Pithou*, opusc. 263.
4. Joly, *Vie de Loysel*, XXVI.

aussi plusieurs harangues qui ont été imprimées et qui, comme il le dit dans sa préface, « ne tendoient « à autre fin qu'à reunir et reconcilier les peuples « ensemble sous l'obeissance de leurs princes, par « l'administration de la justice esgale, sans acception « ni distinction de personne [1]. » Dans ce pays désolé par des guerres, par des violences et des brigandages de toutes sortes, il s'efforça de faire pénétrer dans tous les cœurs le respect de la justice. « Les vail- « lans et grands seigneurs, disait-il dans une de ses « harangues, sont redoutés et estimés, mais c'est « le plus souvent par force et par crainte, et par « maniere de dire à coups de baton, au lieu que « la justice fait honorer le justicier à cause d'elle- « meme et sans autre consideration ni respect « que de la reuerence qu'un chacun porte à ceux « qui la rendent droite et esgale à un chacun [2]. » Partout il s'efforce de ramener le calme dans les esprits, et l'idée qui revient à chaque instant dans ses harangues, est exprimée par le titre de l'une d'elles : « De l'amnestie ou de l'oubliance des « maux faicts et soufferts pendant les troubles [3]. » Celle-ci était dédiée à Montaigne, qui remplissait alors les fonctions de maire de Bordeaux, auxquelles on l'avait élevé en son absence, comme lui-même le rappelle dans ses *Essais* : « Messieurs de Bordeaux

1. *La Guyenne de M. A. Loysel, qui sont huict remonstrances*, ... etc. — Préface à monseigneur Nicolas Brulard.

2. *La Guyenne*, p. 52.

3. Joly, *Vie de Loysel*, XXV. — *La Guyenne*.

« m'esleurent maire de leur ville estant eloigné de « France et encore plus eloigné d'un tel pensement, « je m'en excusai ; mais on m'apprint que j'avois « tort, le commandement du roy s'y interposant « aussi [1] ». Rare et touchant spectacle que celui de ces hommes de génie, quittant à regret leurs études, dénoncés par leur mérite, recherchés par la faveur, et quand ils acceptaient enfin ces hautes dignités, ne cédant qu'à cette idée qu'il est des moments où l'homme doit aux affaires publiques le sacrifice de son bonheur et de sa tranquillité. Heureux quand le jour arrive où ils peuvent se décharger de ce fardeau!

Éloigné de Paris, du barreau, de sa famille, de ses livres, Loysel, malgré l'activité qu'il déployait dans sa charge, avait de vifs regrets ; il les laisse percer et dans ses harangues [2] et dans une épître en vers qu'il adressait à Pibrac et où il s'écrie :

Da modo, da Deus ut nostros urbemque revisam
Bellovacumque Tharam et charos, mea gaudia, libros [3] !

Enfin il revint à Paris, mais, pendant cette absence de plus de deux ans, sa clientèle s'était dissipée, il n'était presque plus connu au Palais : il lui fallut de nouveaux efforts pour reprendre sa place au barreau, seul objet de ses désirs ; à cette

1. Montaigne, *Essais*, livre III, chap. x.
2. *La Guyenne*, p. 177.
3. *Poésies* de Loysel, p. 16.

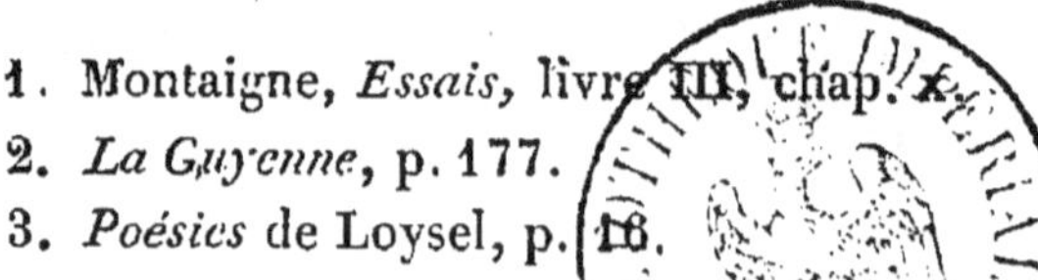

époque, une occasion inopinée lui présentait au parquet un accès que d'autres n'eussent point dédaigné : les charges venaient d'être érigées en offices vénaux ; on lui en proposa une ainsi qu'à Pithou ; « mais combien, nous dit-il, qu'on leur eust offert « gratuitement des lettres de prouision de leurs « offices, et qu'on les leur eust portées iusques « chez eux, afin que s'y faisant receuoir ils fissent « la planche pour y attirer les autres, neantmoins « ils n'y voulurent point entendre, mais ils les ren- « dirent volontairement[1]. » Ils avaient pu, quand ils croyaient rendre service à l'État, accepter ces fonctions qui, pendant si longtemps, les avaient retenus au bout de la France, mais quand il ne s'agissait que d'eux-mêmes, ils ne pouvaient se laisser entraîner. Ils recommençaient au Palais leur œuvre interrompue, et cela sans qu'ils eussent même été récompensés de tant de zèle et de dévouement ; du reste, ils ne regrettaient pas cet isolement, et Loysel en convient dans le *Dialogue des avocats* : « Par aduenture a-t-on beaucoup fait « pour nous de nous laisser uiure en paix priue- « ment et doucement en nos maisons ; nous nous « fussions peut-estre abismés pendant les troubles « de la Ligue si nous eussions esté recompensés de « quelque office qui nous eust obligez de sortir « d'icy[2]. » Douce et bonne philosophie qui nous

1. Loysel, *Vie de Pithou*, opusc. 264. *L'Estoile*, Journal de Henri III. Juillet 1586.

2. Loysel, *Dial.*, opusc. 520.

montre réunis dans une même pensée l'avocat général de Guyenne et le maire de Bordeaux; car Montaigne aussi disait : « Les princes me donnent « prou s'ils ne m'ostent rien, et me font assez de « bien quand ils ne me font point de mal[1]. »

Bientôt du reste les affaires revinrent, et même « il commença dès lors d'estre appelé aux consul- « tations et employé aux conseils de quelques « princes, seigneurs et communautés[2], » notamment de l'ordre de Malte et de la maison de Longueville.

C'était le temps où la Ligue commençait à agiter le royaume. Loysel essaya d'abord, quand survinrent les barricades, de chercher la tranquillité à Beauvais, sa ville natale; mais les provinces étaient aussi agitées que Paris; il revint, et bien qu'il fût loin d'être partisan des ligueurs, l'estime qu'on avait pour son caractère empêcha qu'il fût jamais inquiété par les partis, et l'on peut lui appliquer ce qu'il nous dit de Pithou, qui « quoiqu'il fust re- « cognu tout publiquement pour n'estre point de « leur faction, et que tout ouuertement il leur dit « qu'ils ne sçauoient ce qu'ils faisoient, estoit re- « cherché par les principaux d'entre eux[3]. » Tant est grand, même dans les temps de troubles, le respect qu'inspirent aux hommes qui suivent le

1. Montaigne, *Essais*, livre III, chap. IX.
2. Joly, *Vie de Loysel*, XXVIII.
3. Loysel, *Vie de Pithou*, opusc., p. 270.

plus les impulsions du moment, ces caractères que rien ne change parce qu'ils sont établis sur les principes immuables de la justice et de la vertu. Loysel trouva au milieu de ses livres la tranquillité qui, bannie de toutes parts, ne pouvait se réfugier que dans ces paisibles retraites; il continuait ses ouvrages de droit et en même temps, comme parfois l'écho des bruits de la rue montait jusqu'à lui et venait le rappeler à la réalité, il composa sur les troubles de Paris un cahier par forme de journal, du 9 mai 1588 au 9 décembre 1593[1]. Ce travail est malheureusement perdu, ainsi qu'un autre ouvrage qu'il écrivit pendant le même temps *Sur l'origine, noblesse, profit et plaisir de l'agriculture*[2]. C'est ainsi que les agitations publiques, loin de troubler certaines âmes, ne font que leur rendre plus sensibles les biens que l'on trouve dans une vie simple et tranquille.

Enfin le roi rentra dans Paris. De Laurière nous apprend même que Loysel, ami et voisin de Luillier, prévôt des marchands, avait contribué à préparer ce retour[3]. Il fut décidé qu'en attendant l'arrivée de messieurs du parlement séant à Tours, on rétablirait ceux qui étaient restés à Paris. A cet effet, le dimanche 27, on choisit pour avocat gé-

1. Joly, *Vie de Loysel*, XXIX.
2. *Ibid.*, XXX.
3. De Laurière, *Vie de Loysel*, éd. Dupin et Laboulaye, p. lviij.

néral Loysel, et pour procureur général Pithou, son perpétuel collègue, comme dit Joly [1]. Dès le lendemain, Loysel eut à prononcer sa harangue d'ouverture ; on reçut les serments des conseillers, et tout recommença comme par le passé [2]. A ces services, Loysel et Pithou en ajoutèrent un autre. Usant de l'influence que leur donnait leur mérite auprès des magistrats de leur pays, tous deux hâtèrent, par leurs lettres et leurs représentations, la soumission des villes de Beauvais et de Troyes [3]. Puis, s'empressant de rentrer dans la vie privée, ils redevinrent avocats du commun.

Loysel avait alors soixante ans. Il jouissait de la considération dont son caractère l'avait environné ; il était heureux, mais à cette époque de sa vie, il eut à subir de cruelles épreuves ; dans la même année, il perdit sa femme, deux de ses fils, tous deux âgés de vingt ans à peine, et, comme il revenait de Beauvais, Pasquier lui apprit la mort de Pithou, que l'on s'était efforcé de lui cacher quelque temps. Enfin, quelques années à peine s'étaien écoulées qu'il eut de nouveau à supporter la perte de plusieurs de ses petits-enfants et de sa belle-fille.... « sa bien-aymée, comme il l'appelle, et il receut

1. Joly, *Vie de Loysel*, XXVIII.

2. Du rétablissement du parlement en l'année 1594. — Loysel, opusc., p. 289.

3. Joly, *Vie de Loysel*, XXXII. — Loysel, *Vie de Pithou* opusc., p. 272.

« une si grande fascherie de cette perte qu'il en « tomba malade [1]. »

Quoi de plus triste, en effet, que de voir disparaître ainsi ceux à qui leur âge semblait promettre encore de longues années. L'espérance nous les montrait dans l'avenir, et, quand ils quittent ce monde, il semble qu'une partie de notre vie nous abandonne aussi, que tout ce temps qui eût été passé avec eux nous échappe. Loysel, malgré ses cheveux blancs, avait conservé la jeunesse de l'âme, son affection n'était en rien refroidie par les années ; il suffit, pour s'en convaincre, de lire les vers touchants que lui inspirèrent ces douleurs successives [2], de lire la vie de Pithou, qu'il écrivit peu de temps après, remplissant à regret cette triste tâche, et réduit, comme il le dit, à dresser la vie de ceux dont il devait par aventure attendre quelque mémoire de la sienne [3] ; puis, ces pieux devoirs remplis, cherchant dans le travail le soulagement le plus efficace qu'un cœur honnête puisse donner à sa douleur, il acheva les ouvrages qu'il avait commencés, il publia ses harangues de Guyenne : « Ayant pleu à Dieu, nous dit-il dans sa « préface, de me donner le loisir sur la fin de mes « iours de faire quelques recueils de ce que ie dé- « sire délaisser dans ce monde, afin de ne plus

1. Joly, *Vie de Loysel*, XLII.
2. *Poésies*, p. 30, 36, 38.
3. Loysel, *Vie de Pithou*, opusc., p. 251.

« penser qu'à ce qui sera de l'autre [1]. » Aussi ce fut inutilement qu'à cette époque encore le roi lui fit proposer la charge d'avocat général à la chambre de justice de Limoges ; sa résolution de se débarrasser des affaires était inébranlable, bien qu'on lui adjoignît M. le président de Molé ; bien que Pasquier, à qui il avait écrit des vers à ce sujet, l'engageât à partir, lui disant que son petit poëme témoignait qu'il y avait encore en son esprit assez d'huile pour accepter la charge qui lui était offerte [2], il refusa.

Depuis quarante ans il travaillait à un recueil d'axiomes juridiques ; il acheva ce travail, et comme à ce moment Coquille faisait paraître son *Institution au droit français*, avec une simplicité touchante et une modestie rare même chez les auteurs qui s'occupent des sciences, dissimulant en quelque sorte l'œuvre qu'il avait si laborieusement achevée, il fit paraître à la fin du même volume ce recueil, qu'il intitula : *Institutes coutumières* ou *Manuel de plusieurs et diverses règles, sentences et proverbes tant anciens que modernes du droit coutumier et plus ordinaire de la France* [3].

Arrêtons-nous un moment sur ce livre, qui suffirait à lui seul pour assigner à Loysel une place parmi les premiers jurisconsultes.

1. *La Guyenne*, préface.
2. Pasquier, *Lettres*, livre XIX, lettre x.
3. Éd. de 1607, in-4°.

De tout temps l'unité dans la législation, l'existence d'un même ensemble de lois fut le rêve des bons esprits. Longtemps avant l'époque où Voltaire se plaignait de changer de lois en changeant de chevaux de poste[1], les inconvénients sans nombre qui résultaient de cette diversité de coutumes, d'usages locaux, avaient vivement frappé ceux qui s'occupaient de travaux juridiques. Ce que le temps seul devait amener dans le domaine des faits, Loysel avait tenté de le réaliser dans le domaine de la science. Choisissant dans le droit coutumier, dans les traités des auteurs tout ce qui pouvait fournir un principe, il avait méthodiquement réuni tous ces axiomes juridiques et en avait formé ses *Institutes coutumières* composées de neuf cents articles. Ce livre fut justement estimé de ses contemporains, et sa réputation devait traverser les siècles. Suivons-la un moment, et éloignons-nous avec elle des temps qui la virent naître, pour trouver dans les travaux d'une autre époque un point de comparaison qui nous fasse mieux sentir toute l'importance de cette œuvre. A chaque instant on rencontre dans les *Institutes coutumières* des règles qui ont rapport aux fiefs, à tout un système qui a disparu de notre législation, et malgré cela un quart des articles se retrouve presque littéralement copié dans le Code civil. Cette proportion, si frappante

1. *Dictionnaire philosophique*, art. COUTUME.

quand on songe que Loysel pose des principes et ne s'arrête pas aux détails, est bien faite pour montrer tout ce qu'il y avait de force dans ce travail. Et maintenant, avant de reprendre l'ordre biographique, disons un mot d'un article des *Institutes*, qui est fort connu parce qu'il est un principe de droit politique, et peut-être aussi parce qu'il est le premier : *Qui veut le roy, si veut la loi*[1].

Cette maxime devait, à près de deux siècles de distance, appeler l'attention sur Loysel dans des circonstances assez remarquables. Le 30 avril 1791, un descendant de Loysel, député de Vannes à l'Assemblée constituante, proposa de faire transférer au Panthéon les cendres de son aïeul. La proposition eût sans doute été adoptée, quand un membre se leva pour rappeler que Loysel avait le premier émis cette maxime, et la proposition fut rejetée au milieu d'unanimes applaudissements[2].

Il n'y a pas à s'étonner d'un pareil fait à un pareil moment; il semble toutefois que c'était traiter Loysel un peu trop en contemporain; il faut laisser à chaque temps sa couleur, au passé ce qui est du passé; d'ailleurs si ce n'eût été peine inutile devant des hommes trop occupés à faire l'histoire pour avoir le temps de l'étudier, n'eût-on pas eu à répondre que cette maxime, d'après quelques

1. *Institutes coutumières*, livre I, max. I.
2. *Moniteur* du 1er mai 1791.

commentateurs [1], signifie seulement que la loi est l'expression de la volonté du roi; ou même pénétrant plus au fond des choses, n'eût-il pas été exact de laisser soupçonner qu'il fut un temps ou l'autorité royale, luttant contre la noblesse, ne faisait peut-être que préparer l'œuvre qui se continuait alors? Quoi qu'il en soit, la proposition fut, comme dit le *Moniteur*, « renvoyée à l'ancien « régime. » Retournons-y avec elle pour examiner les autres travaux de Loysel.

En même temps qu'il achevait ses *Institutes coutumières*, il avait rédigé un recueil de proverbes ruraux [2]. Quand il cherchait partout des préceptes juridiques, quand il donnait même accès dans ses *Institutes* à quelques maximes qui sont plutôt de la morale que du droit, il notait avec soin les dictons naïfs qui avaient rapport à la vie des champs. Mais il ne publia pas ce travail et le manuscrit fut perdu depuis; par bonheur, il n'en fut pas de même de ses poésies. Vers l'année 1609, il fit paraître un petit volume dans lequel il réunit les vers qui, jusque-là, lui avaient été inspirés par ses voyages, par ses liaisons, par ses regrets : épîtres à Pasquier, Ronsard, de Thou, de Harlay, Pibrac, Brisson : épitaphes de ses amis, de ses enfants, pieux souvenir qu'il considérait comme un devoir et qu'il n'oublia jamais. Toute-

1. Dupin et Laboulaye, *Institutes coutumières.*
2. Joly, *Vie de Loysel*, XLVIII.

fois, vers cette époque, éprouvé par un dernier malheur, la mort de son fils aîné, ses forces le trahirent quand il tenta d'exprimer ses regrets : on trouva seulement dans ses papiers quelques vers.... un fragment incomplet, et pour titre ces mots : *Ant. Oiselii F. Epitaphium imperfectum principio et fine, quia pluries conanti pluries patriæ cecidere manus* [1].

Cette dernière épreuve l'accabla; il sentit que sa fin approchait; cependant il avait encore un devoir à accomplir. Il avait écrit les *Mémoires de Beauvais,* sa ville natale, œuvre pleine de recherches savantes, de documents curieux sur la ville, ses comtes, ses évêques, et les personnes de renom, parmi lesquelles Loysel n'oubliait pas ses aïeux [2]. Il fit paraître ces *Mémoires* en les considérant comme son dernier ouvrage.

Extremum hunc mihi, Christe Deus, concede laborem,
Gratus ut in patriam vivam moriarque superstes [3].

Il avait fait son testament dans lequel il recommandait à ses enfants « de partir entre eux sa suc- « cession sans aucun ministere de justice si faire se « pouuoit, vivans tous ensemble en paix et amitié [4]. »

1. Joly, *Vie de Loysel*, XLIX, opusc., p. 609.
2. *Mémoires de Beauvais*, p. 214.
3. Joly, *Vie de Loysel*, LIII. — *Mémoires de Beauvais*, titre, verso, p. 235.
4. Joly, *Vie de Loysel*, LVII.

Il y ajouta quelques clauses : l'une pour veiller à la conservation de ses livres qu'il chérissait, il réglait leur dévolution, prévoyant même le cas où son petit-fils ne serait de la profession. L'autre, ayant trait à la publication de ses ouvrages : « Mon « fils fera imprimer ce qu'il et autres de nos amis « trouueront bon entre mes papiers et singuliere-« ment mes Aduocats et mes vers auec ce que i'y « ay adjousté[1]. »

C'était le 14 avril 1617, et le 28, sa maladie ayant toujours augmenté, il expira, nous dit Joly, si doucement que l'on eut peine à s'en apercevoir[2].

Trente ans après, son neveu se conformant à ses dernières volontés, publiait, avec divers opuscules, ce *Dialogue* que Loysel désignait sous le nom de ses Avocats, et qu'il avait dédié à ses confrères :

O vos, o socii, prima utque novissima nostri
Nomina collegii, discite et historias.

Ce *Dialogue*, qui a été proclamé le plus beau titre de notre ordre[3], vous est bien connu. Œuvre d'un homme qui chérissait sa profession, c'est là que l'on trouve sous la forme la plus vive, la plus vraie, tous les traits qui peuvent nous la faire aimer. Bien qu'ils soient présents à vos esprits, bien qu'un ancien bâtonnier leur ait donné une vie nouvelle par

1. Joly, *Vie de Loysel*, LV.
2. *Ibid.*, LVIII.
3. Camus, *Lettres sur la profession d'avocat*, lettre I.

des éditions successives[1], bien qu'ils aient été maintes fois cités dans ces réunions périodiques qu'à travers les années anime toujours un même esprit, je ne craindrai pas de vous les rappeler encore et d'évoquer devant vous de pareils souvenirs.

L'avocat de Loysel nous apparaît comme un type idéal réunissant les qualités qu'exige notre profession. Dès son entrée au barreau, nous le voyons s'occupant avant tout d'un état que désire son homme tout entier[2]; luttant avec courage contre les premières difficultés, certain que son travail sera bientôt récompensé, car il y a place pour tous au barreau[3], et il n'en est pas des avocats comme des poëtes, dont on dit qu'ils sont tous bons ou mauvais[4]. Si la nature lui a refusé les qualités brillantes qui font l'orateur, s'il ne peut conquérir le premier rang, il trouvera néanmoins une place honorable, et, d'ailleurs, ce qu'il lui faut, c'est moins briller par l'éloquence[5], qu'examiner et ménager toutes les particularités de sa cause, en bien prendre le point, s'y arrêter, et le représenter en termes bien choisis et intelligibles, plus serrés et renforcés

1. Dupin, *Lettres sur la profession d'avocat*, première édition, 1817, deuxième éd. 1832. — Pasquier, ou *Dialogue des aduocats*. — 1844.

2. *Dial. des aduocats*, première éd., opusc., p. 523.

3. *Ibid.*, p. 557.

4. *Ibid.*, p. 542.

5. *Ibid.*, p. 538.

que redondants ni superflus[1]. Ne s'efforçant pas de paraître savant, et sachant qu'il vaut mieux cacher son jeu[2], plus homme d'affaire et de jugement, que de longs et grands discours[3]. Dans toutes ses causes, dans toutes ses actions, arrivant grâce à la sincérité de sa parole, à l'intégrité de son caractère, à convaincre les magistrats par lui-même plus que par les pièces, et à être cru comme rapporteur[4] plutôt que comme partie au procès. Sachant pour cela choisir ses affaires, et ne pas se charger indifféremment de toutes causes[5]. Ne recherchant pas la faveur, car les grands avocats s'avancent assez d'eux-mêmes[6], arrivant de la sorte, entouré de l'estime de tous, à se créer une position qui lui donne quelques-uns des biens de ce monde pour en faire part à ceux qui en ont besoin[7], mais principalement de l'honneur et du contentement, et s'efforçant ainsi de conserver à son ordre, le rang et l'honneur que ses ancêtres lui ont acquis par leur mérite et leurs travaux, pour le rendre à ses successeurs[8].

Tel est l'avocat dont Loysel nous trace le por-

1. *Dial. des aduocats*, première éd., opusc., p. 539.
2. *Ibid.*, p. 548.
3. *Ibid.*, p. 540.
4. *Ibid.*, p. 528.
5. *Ibid.*, p. 528.
6. *Ibid.*, p. 534.
7. *Ibid.*, p. 557.
8. *Ibid.*, p. 557.

trait, et, nous pouvons le dire hardiment, tel fut Loysel lui-même. Car, lorsque dans sa modestie, il croyait rassembler des traits épars recueillis dans ses lectures, des maximes empruntées aux traditions du barreau, afin de mieux nous montrer ce que l'avocat doit être, il ne sentait pas qu'il ne faisait que lire dans son cœur, et nous dire ce que lui-même avait été; tel fut, mes chers confrères, l'homme dont nos anciens ont cru qu'il serait utile de vous dire les vertus, mais dont un autre aurait dû vous faire l'éloge.... Qu'il sache au moins que pour nous tous, son absence en ce jour est venue attrister le plaisir que nous avons à nous retrouver ensemble; qu'il sache qu'en quittant cette enceinte, notre dernière pensée était pour lui, et que, fidèles dans le passé comme dans le présent à ces liens qui font la force et le charme du barreau, de même que nous avons tous été fiers de la gloire de Loysel, nous avons tous souffert de la douleur de notre confrère.

Imprimerie de Ch. Lahure (ancienne maison Crapelet)
rue de Vaugirard, 9, près de l'Odéon.

www.ingramcontent.com/pod-product-compliance
Lightning Source LLC
LaVergne TN
LVHW020306230826
846091LV00006B/2550

* 9 7 8 2 0 1 2 9 4 0 9 2 5 *